남자의 아버지

남자의 아버지

김호경 지음

북캐슬

들어가면서

오랫동안 망설이다 첫 번째 짧은 소설 1편과 스토리텔링 2편을 선보인다. 1997년 〈낯선 천국〉으로 '오늘의 작가상'을 받은 이후 삶의 굴곡에 휘말려 제대로 된 글을 쓴 적이 없었다. '삶의 굴곡'은 핑계에 불과할 뿐 사실, 내 글쓰기 능력은 예나 지금이나 형편없다고 자인할 수밖에 없다.

그럼에도 불구하고 이 책을 쓴 이유는, 시간이 나와 내 인생을 더 이상 용납하지 않음을 깨달았기 때문이고, 이 세상의 많은 남자들과 그 아버지에게 얽힌 질기

고도 서글픈 인연을 저버릴 수 없기 때문이었다. 부디 이 책이 그들 모두에게 마음의 위안이 되고, 삶의 작은 반환점이 되기를 바란다.

스토리텔링 2편은 내가 실제 겪은 일들이다. 역시 불확실성의 차별 시대를 살아가는 많은 남자들에게 자신을 극복할 수 있는 디딤돌이 되기 바란다.

김호경

차 례

남자의 아버지

작은누나에게서 전화가 왔을 때 나는 대학 1학년 시절의 교양국어 수업이 문득 떠올랐다.

"에, 이 소설은 로드로망의 일종이에요. 그러니까 로드로망은 …."

나는 노교수의 말을 한 귀로 듣고 한 귀로 흘리면서 창밖을 멍하니 바라보았다. 5월 초입의 캠퍼스는 축제를 앞두고 어지럽기 그지없었다. 요란한 플래카드가 수십 장 나부끼는 캠퍼스에는 벌써 형형색색의 천

막들이 차려지고 아이들은 알 수 없는 괴성을 내지르며 이리저리 몰려다녔다. 그 괴성이 창을 뚫고 들려오자 교수는 잠깐 이맛살을 찌푸리고는 천천히 말을 이어나갔다.

"… 그러니까 로드로망은 길을 떠나면서 이루어지는 소설이지요. 소설의 주인공에게 고향에서 전화가 걸려오고… 그날은 보통 비가 추적추적 내리는 가을날이거나, 을씨년스러운 겨울이거나 … 또 주인공은 보통 몹시 바빠서 정신이 없거나, 어젯밤 술을 진탕 마셔 머리가 지끈지끈 아프거나 … 꼭 그럴 때 전화가 오는데 … 대부분 '아버지가 돌아가셨다' 혹은 '위독하다'는 전언인데 … 아들은 당연히 아버지와 사이가 좋지 않기 때문에 임종을 지키지 못했고 … 그 전화를 받고는 허둥지둥 고향으로 내려갑니다. 그러면서 옛날 일을 회상하지요… 즉 로드, 길에서 이루어지는 로망, 즉 소설이란 뜻입니다."

나는 "영락없는 신파조로군" 생각하며 건성으로 노트에 'road roman'이라 적었다. 그리고 그 옆에

'아버지'라고 적었다가 두 줄로 죽죽 그어버렸다. 교수
는 학생들의 얼굴을 그윽하게 바라보며 말했다.

　"남자는 누구나 예외 없이, 일생에 한번 이상 로드
로망의 주인공이 됩니다."
　전화가 걸려왔을 때 나는 불현듯 28년 전 그 노교
수의 말이 떠올랐다.
　"남자는 누구나 예외 없이, 일생에 한번 이상 로드
로망의 주인공이 됩니다."
　그때는 그 말을 이해하지 못했고, 더더구나 공감 같

은 것은 없었다. 그런데 필연적으로 세상 대부분의 남자는 로드로망의 주인공이 되어 헤어져 살았던 아버지(혹은 어머니)의 죽음을 앞두고 반드시 귀향해야 하는 운명이 기다리고 있다는 것을 깨달았다. 나는 47세의 아버지가 되어 내 아버지의 임종을 준비하기 위해 늦은 밤 운전대를 잡았다. 아내에게는 "당장 큰일은 생기지 않을 거니, 혼자 갔다오겠소"라고 차분하게 말했다.

어두운 고속도로를 질주하며 '비가 추적추적 내리는 가을날'도 아니고 '을씨년스러운 겨울'도 아니며,

또한 '몹시 바빠 정신이 없지'도 않고, '어젯밤 술을 진
탕 마셔 머리가 지끈지끈 아프지도 않은' 현실을 발견
했다. 로드로망의 주인공만 빼고 교수가 예측한 것은
죄다 빗나갔다. 피식 웃음이 나오려는 순간, 왜 내가
28년 전 그 교수의 말을 명확히 기억하고 있는지 소름
이 돋아 웃음이 사라졌다.

큰누나는 공부를 무척이나 잘해 그때 중학교 입시
제도가 있을 때 수석을 차지했다. 둘째 누나도 공부를
잘했는데 무시험으로 제도가 바뀐 후 들어간 중학교
에서 역시 1등을 했다. 동네 사람들과 아버지의 친구

분들은 딸 둘이 연이어 1등을 했다고, 이제 박씨 집안에서 여자 판검사가 나올 날이 멀지 않았다고 몹시 부러워했다. 이제 사람들의 시선은 나에게 쏠렸다.

늦둥이로 태어난 나는 외아들이자 막내였음에도 아버지의 귀여움을 받지 못했다. 어렸을 때부터 사소한 것 하나라도 잘못하면 벌을 받고, 때로는 밥도 굶어야 했다. 아이들과 어울려 옆집 개구멍으로 기어들어가 감을 따먹었다는 이유로 저녁밥을 굶기는 아버지를 어찌 좋아할 수 있단 말인가?

물론 내가 1등은커녕, 반에서 중간도 하지 못했음

은 굳이 고백할 필요조차 없다. 나는 공부를 지독히도 싫어해서 어영부영 중학교를 다녔고, 고등학교도 마지못해 다녔다. 내가 공부를 싫어한 이유는 교과서에 숫자가 많이 나오기 때문이었다. 수학책은 온통 숫자였고, 물리, 생물, 화학에도 숫자가 나왔다. 그런다 해서 국어나 영어를 좋아했느냐면, 그것도 아니었다. 체육, 음악도 취미가 맞지 않았고 그저 아이들과 어울려 시시덕거리며 놀기, 만화책 보기, TV 보기가 일상의 대부분이었다. 아버지는 그런 나에게 공부를 시키기 위해, 즉 점수를 올리기 위해 두 딸들에게는 쓸 필요가 없었던 적지 않은 돈을 들여 학원도 보내고, 개인과외도 시켰으나 당사자인 내가 뜻을 기울이지 않는 이상 밑 빠진 독에 물 붓기였다.

아버지는 중소기업의 경리부장이었는데 주산이 7단이었고 다섯 자리 이상의 숫자도 암산으로 척척 계산했다. 내가 그런 아버지를 닮지 않은 것이 정말 신기하다고 사람들은 고개를 갸웃거렸다. 하지만 어줍잖게도 나는 세상의 모든 아들들이 아버지를 닮는다면 세상은 결코 발전할 수 없다고 생각했다. 아버지를 똑 닮은 아들만 태어난다면, 손도끼를 잘 만드는 아버지를 닮아 아들 역시 손도끼를 잘 만들었을 것이며 그저 토끼사냥이나 주구장창 했을 것이었다. 손도끼를 못 만드는 지지리 못난 아들이 있었기에 세상이 이만큼이나 발전하지 않았을까?

누나 둘은 과외 한번 받지 않고 서울에 있는 대학에 입학했으나 나는 고향의 사립대에 겨우 들어갔다. 큰누나가 대학에 입학했을 때 많은 사람들의 예측과 달리 -더욱 중요하게는 아버지의 바람과 달리- 국립 S대가 아닌 것이 의외이자 큰 실망이었으나 그 대학의 이름만으로도 큰누나는 자신의 역할을 다한 것이었다. 아버지는 명륜동 조용한 곳에 두 칸짜리 자취방을 얻어주었는데 아버지의 월급으로는 숫자 관념이 없는 내가 보아도 불가능한 금액이었다. 큰누나가 서울로 올라가기 전 2월의 어느 겨울 밤, 아버지는 세 자식을 불러 앉혔다. 눈짓을 하자 어머니가 치마 품에서 낡은 통장 하나를 꺼냈다.

"이 돈으로 서울에 혜영이 자취방을 얻을 게다. 이 돈은 네 아버지가 10년 전부터 월급을 쪼개고 쪼개서 모은 돈이란다. 다행히 너희들이 공부를 잘해서, 우리 꿈을 이루어주고 있구나. 우선 혜영이가 올라간 뒤, 2

년 후에 희영이가 올라가고, 또 4년 후에 ….”

어머니는 잠시 나를 바라보았다. 그리고 애잔하게
입을 열었다.

“태형이도 서울로 대학을 가서 셋이 함께 살면 좋
겠구나.”

나는 그저 ‘히힛’ 웃었다.

작은누나가 그 소망을 이루어 서울의 대학으로 진
학했던 고2 여름방학에 나는 집에 내려온 큰누나를 따
라 난생 처음 서울 구경을 떠났다. 아버지의 명으로 서
울에 있는 대학을 구경하러 간 것이었다. 이른바 ‘대

학 유람'이었다. 버스와 지하철을 타고 관악에 있는 서울대, 안암동의 고려대, 신촌의 연세대, 마포의 서강대, 명륜동의 성균관대, 행당동의 한양대를 둘러보고 왔다. 아버지는 그렇게라도 해서 아들이 -내가 둘러본 대학들이 아니라- 서울에 있는 아무 대학이라도 들어가기를 꿈꾸었다.

하지만 나는 그 꿈을 완전히 짓밟았다. 고향에 있는 사립대학에 겨우 입학을 했는데 막 신설된 학과라 지원자가 많지 않았던 것이 합격의 주요인이었다. 적성이나 미래 같은 것은 따지지 않았고 눈치보기로 막판에 원서를 집어넣은 것이 적중했다. 게시판에 붙은 내 수험번호와 이름을 확인한 뒤 집에 돌아와 짧게 말했다.

"합격했어요."

아버지는 아무런 말없이 한탄의 한숨을 내쉬었다. 말이 없는 것은 그때뿐만이 아니었다. 아버지는 내게 항상 말이 없었다. 나는 그것이 무척 좋았다. 누나들에게 이것저것 묻고, 이야기를 나누고, 생일이면 선물을 사주는 모습을 보면서 나에게 그렇게 따뜻하게 해주지 않는 것이 '천만다행'이라 여겼다. 돌이켜보면 중학교 2학년 이후 아버지와 세 마디 이상 대화를 나눈 적이 없었다. 아버지가 가장 길게 이야기하는 날은 내 성적표가 나온 날이었다.

"이 녀석아, 넌 뭐하는 놈이냐? 네 누나들을 보아라. 넌 대체 꿈이 뭐냐? 너 때문에 창피해서 못살겠다. 제발 공부 좀 하거라. 커서 비렁뱅이가 되고 싶은 게냐?"

그럴 때면 나는 "비렁뱅이도 그닥 나쁘지 않아요. 거지왕 김춘삼을 보세요"라고 반박하고 싶은 것을 꾹 참았다.

고등학교 1학년 미술시간에 유화 그리기에서 나는 전교에서 유일하게 98점을 받았다. 내가 그림을 잘 그린다는 것을 그때 처음으로 알았다. 미술 선생님은 나를 불러 이것저것 물은 뒤 "미대에 진학할 생각이 없느냐?"고 권했다. 공부가 싫었던 나는 옳다구나 싶어 며칠을 망설이다 아버지에게 이야기했다.

"뭐? 화가가 되고 싶다고? 그게 말이 된다고 생각하니? 예술가는 굶어죽기 딱 좋다. 사내는 모름지기 엔지니어가 되어 국가 발전에 이바지해야 한다. 넌 공대를 가거라."

숫자를 끔찍이도 싫어한다는 것을 잘 알면서도 아버지는 자연계를 가야 한다고 못박았다. 나는 그 말을 순순히 받아들였다. 미술을 하고 싶다고 끝까지 주장할 용기도 없었거니와 솔직한 심정으로, 아버지와 더 이상 대화를 나누기 싫어서였다. 그때 내 성적으로 공대는 언감생심이었으나 박정희가 공업입국(工業立國)을 부르짖던 때라 대한민국 모든 대학에 공과대학이 우후죽순처럼 생겨나고 있었다. 그 덕에 나는 대학에 들어갔다. 만약 박정희가 아니었다면 어찌 되었을까?

미래에 대한 꿈이나 포부 같은 것은 애당초 없이,

부랴부랴 신설된 도시설계학과에 운좋게 들어가 4년 내내 헛바퀴만 돌았다. 대학생활은 끔찍하기 짝이 없었는데 그 이유 중 하나는 공과대학 건물의 위치였다. 국가시책에 발맞추어 서둘러 지은 공과대학은 큼지막하기는 했어도 비좁은 땅을 억지로 활용하느라 북향(北向)이었다. 1년 내내 햇빛이 들지 않았고 여학생은 가뭄에 콩 나듯했다. 10월이면 벌써 파카를 입어야 했고, 어깨를 잔뜩 움츠리고 계단을 오를 때면 죽고 싶거나, 누군가를 죽이고 싶은 충동을 느꼈다.

그럴 용기는 한푼도 없음에도 행여 그럴지도 모를

까봐 2학년을 마치자마자 군에 입대했다. 3년 동안 아버지는 한번도 면회를 오지 않았다. 딱 한번 어머니와 큰누나가 면회를 하고 돌아갔다. 첫휴가를 나왔을 때 아버지는 짧게 말했다.

"고참이 되면 영어 공부를 열심히 하거라."

1980년대 후반, 군사정부의 잔재가 남아있던 시절, 암암리에 폭력이 난무하던 군부대에서 영어 공부? 물론 고참이 되면, 하고자 하면 할 수 있었으나 나는 더 이상 아버지의 말을 따르고 싶지 않았다. 그것이 내게 큰 손해라는 것을 번연히 알면서도 아버지의 당부와

다른 길로 갔다.

일병 시절, 대대장이 시멘트 열댓 포대를 하사하면서 병영 한쪽에 이발소를 지으라는 명을 내렸고 우리는 거의 맨주먹으로 브로크 벽돌을 만들어 1달 만에 아담한 이발소를 지었다. 포상휴가를 은근히 바라는 우리에게 대대장은 얼굴을 찌푸리며 잔소리를 퍼부었다.

"벽이 너무 살벌하잖아. 아무리 군대 이발소라 하지만 이게 뭐꼬?"

연대 보급창고에서 페인트 서너 통을 얻어 병장 서

너 명이 칠을 할 때 '조수'로 차출된 나는 엉겁결에 붓 하나를 들고는 한 귀퉁이에 그림을 그리기 시작했다. 해바라기였는데 시찰 나온 선임하사가 보고는

"멋있네. 야야. 너그들, 칠 그만두고, 박 일병, 니가 여그 벽에다 전부 꽃을 그려라. 그 뭣이냐, 해바라기, 장미, 들국화 … 또 하여튼 꽃."

나는 이틀만에 이발소 벽을 해바라기와 장미가 어우러진 멋진 벽화로 장식했고, 이후 연대장의 부름을 받아 연대 창고, 식당으로 진출했다. 상병이 되었을 때는 사단장의 지시로 부대 여기저기를 돌아다니며 공

간만 있으면 그림을 그렸다. 벽화 하나를 완성할 때마다 포상휴가증을 받았다. 그러나 집에 도착해서는 그것이 그림 덕분이라는 말은 하지 않았다.

"사격대회에서 1등 했어요."

제대 후 대학생활은 여전히 끔찍했으나 졸업장을 위해 학점을 따야 했다. '햇빛이 들지 않는다'거나 '여학생이 가뭄이다'는 핑계로 자퇴를 할 수는 없었다.

졸업이 가까워지던 어느 날, 큰누나가 서울에서 멋진 남자를 집으로 데려왔다. 도자기공예를 한다는 그

남자는 세상물정 모르는 내가 보아도 반건달이었다.

그는 '여자의 아버지가 땅부자'라는 잘못된 소문을 믿

고 누나와 결혼하려 했다. 아버지는 처음에 완강하게

반대했으나 자식을 이길 수 없어 결혼을 승낙하고 말

았다. 매형은 아버지에게 처음 인사를 드리러 왔을 때

했던 호언장담과는 동떨어지게 별다른 직업 없이 한

탕주의에 인생을 거는 듯 싶었다.

　특별한 취미가 없던 아버지는 언젠가부터 골동품

을 하나씩 모으기 시작했는데 그다지 값어치 있는 것

은 아니었다. 버드나무로 만든 일제시대의 도시락, 목

수들이 조각한 연줄통, 전기가 들어오지 않던 시절에 시골에서 사용했던 호롱불 등이었다. 그러다가 옛날 도자기를 사들였는데 조선시대의 허름한 백자, 화병, 연적, 기름병, 분청 백상감 밥그릇 등이었고 차츰 고려시대로 올라가 청자도 하나둘씩 사기 시작했다. 당초무늬, 연꽃무늬 등이 아름답기는 했어도 나는 그러한 도자기에 관심이 없었다. 단지 어린 마음에도 아버지가 취미를 갖고 그것을 즐긴다는 사실이 나쁘지는 않다고 생각했을 뿐이었다.

큰누나가 결혼한 후 가끔 집에 들른 매형은 도자기

공예를 하는 사람답게 아버지에게 조선백자와 고려청자에 대해 장황한 설명을 늘어놓고는 했는데 아버지는 그 설명을 귀 기울여 들었다. 그리고 다음 날 매형이 서울로 올라갈 때는 도자기가 하나씩 없어졌다. 아버지가 10여 년에 걸쳐 모은 골동품은 비록 값이 비싸지 않고, '콜렉터'라는 이름을 붙이기에는 유치했지만 아버지 삶의 일부라 해도 과언이 아니었다. 그 삶이 전부 없어지는 데는 3년이 채 걸리지 않았다. 매형은 집에 들를 때마다 눈에 띄는 대로 도자기와 사소한 골동품마저 자신의 것인냥 모두 가져갔다. 그것이 매형, 즉 큰누나의 집에 보관되지도 않았다. 서울로 가지고 가 팔아서 술값으로 충당한 것이었다.

문득, 아버지의 서재에서 대나무가 새겨져 있는 백 자 술병이 보이지 않음을 깨닫고 무심코 물었다. 그것 은 아버지가 가장 애지중지했던 것으로 상당히 값이 나가는 것이었다.

"백자 술병이 안 보이네… 어디 갔지?"

아버지는 말이 없었고 어머니가 머뭇거리다 대답 했다.

"네 매형이 연 … 연구한다고 잠시 가져갔다."

"연구요?"

나는 서재를 둘러보았다. 도자기가 눈에 띄게 줄었고 문외한인 나에게도 아름답다고 여겨졌던 물고기 형상의 감청색 연적도 보이지 않았다. 사태를 짐작한 내가 불현듯 소리쳤다.

"매형 말은 다 거짓이에요. 연구가 아니라 팔아먹으려고."

내 말이 끝나기도 전에 아버지가 벌컥 소리를 질렀다.

"네가 뭘 안다고 그러는 게냐? 물건은 다 주인이 있

는 것이다."

"하지만 아버지가 애써 모은 ….."

"말 잘했다. 그것은 내가 모은 것이니까 내 것이지.
네 것은 아니다. 그러니 왈가왈부하지 마라."

나는 입을 다물었고, 아버지는 더 이상 골동품을 모
으지 않았다. 집안의 골동품은 그렇게 완전히 사라졌
다. 5년 후 내 예측대로 큰누나는 이혼을 했고, 딸 하나
를 데리고 고향으로 내려와 아버지를 졸라 작은 슈퍼
하나를 차렸다.

작은누나는 대학 졸업 후 잠깐 집에 내려왔다가 여

중학교 교사 자리가 나자 "1년만 하겠다"고 들어갔는데 그대로 눌러앉아 10여 년이 후다닥 지났다. 박씨 집안에서 판검사가 나오리라는 기대는 산산조각 나고 말았다. 그리고 나는 또 운좋게 건축회사에 취직되어 서울로 올라왔다. 취직이 되었다는 말을 어머니에게 가장 먼저 했다.

"서울의 일성건축사라는 회사에 취직했어요."

어머니는 그 기쁜 소식을 아버지에게 전했다.

"네 직무에 충실하거라."

그 말이 전부였으나 나는 신경쓰지 않았다. 어차피

내 인생이었기 때문에.

　직장생활 3년째로 접어들면서 월급을 타면 미술도구를 하나씩 샀다. 붓을 사고, 물감을 사고, 캔버스를 사고… 그림을 그리는 일은 쉽지 않았다. 제대로 배운 적이 한번도 없었고 내가 군대에서 그린 것은 그림이 아니라 모사(模寫)였다. 해바라기를 그대로 베낀 것에 불과했다. 그것이 그림이 아니라는 것은 누구나 알고 있었다. 기초가 없어 형태가 잡히지 않았으나 꾸준히 추상화를 그려나갔고 아내는 공모전에 작품을 내보라고 권유했다. 일종의 '인증'이 필요하다는 주장이었다. 그 말에 따라 작품을 응모했지만 당연히 낙선이었고 세 번째 응모에서 특선을 했다. 굳이 등수를 매기자면 C급으로 턱걸이 입선을 한 것이었다. 아내는 이 소식을 나와 상의도 없이 가장 먼저 아버지에게 알렸다.

"축하한다고, 하셨어요. 무척 기쁘다고."

나는 그 말이 며느리에 대한 인사치레임을 잘 알고 있었다. 이미 60줄에 접어든 아버지가 못난 아들의 일에 기쁘고 자시고 할 계제가 아니었다. 그 뒤 나는 여러 공모전에서 상을 받았고 회사에서도 승진을 거듭

했다. '미대를 졸업하지 않은 화가로서' 미술 잡지와 여성지 인터뷰도 여러 차례 했고 간혹 신문에도 이름과 작품이 소개되었다.

한 가지 이해할 수 없는 것은 아내의 아버지에 대한 태도였다. 직장을 다니면서 만난 아내를 집으로 데려가자 어머니는 함박웃음을 지었고, 아버지는 1초쯤 미소를 짓다가 근엄한 표정으로 돌아갔다. 그런 아버지를 아내는 무척 좋아했다. 일주일에 두 번씩 전화를 걸었고, 툭하면 시골 시댁에 가자고 했다.

"나는 바빠서 못가니 당신 혼자 갔다와."

아내는 오히려 더 좋아하며 아이를 데리고 이틀이나 사흘씩 시댁에 갔다오곤 했다. 나는 명절이 아니면 절대 가지 않았다. 고향에서 고교 동창회가 열리면 친구들을 만난 뒤 잠깐 집에 들려 어머니 얼굴만 보고 왔다. 아버지는 낮이나 밤이나 회사 일에만 열중했다.

그러던 어느 날 어머니에게서 전화가 왔다.

"내일 주민등록증 하고, 인감도장 가지고 내려오거라."

"무슨 일인데요?"

"내려와 보면 안다. 아침 일찍 오거라잉."

다음 날 첫 기차를 타고 고향으로 내려가자 어머니가 심란한 표정으로 사연을 들려주었다.

"네 큰누나가 사업을 한다고 해서, 이 집을 저당 잡혀 은행에서 돈을 빌렸는데… 동업하는 사람이 부도를 내는 바람에… 그동안 이자를 1년이나 내지 못해… 원금은 한푼도 갚지 못하고… 그래서 집이 경매에 넘어갔다."

"경매?"

나는 얼결에 고개를 돌려 창밖을 바라보았다. 마

당 한켠의 대추나무에 대추 열댓 개가 열렸고 그 아래에 나뭇잎이 한 움큼 흩어져 있었다. 그 옆에 낡은 삼천리호 자전거 한 대가 담에 비스듬히 세워져 있었다.

"저 자전거가 족히 30년은 되었을 텐데… 굴러가기나 할까?"

벌떡 일어나 부엌으로 가 차가운 물 한 컵을 마셨다. 외아들이었음에도 집에 대한 욕심은 눈곱만큼도 없었고, 아내 역시 마찬가지였다. 하지만 부모가 살고 있는 집이 당신의 의지와 상관없이 경매에 넘어갔다는 현실은 가슴을 쓰리게 했다. 아버지는 소파에 앉아 멍한 눈길로 창밖만 바라보았다. 어머니는 아버지와 나를 살피다가 조심스레 입을 열었다.

"… 그래서 내일, 법원에서 경매가 열리는데 … 네가 이 집을 응찰하면 좋겠구나."

그 방법이 나쁘지는 않았으나 나는 아버지의 일에 개입하고 싶지 않았다. 마음 한구석에서는 집이 다른 사람의 손에 넘어간다는 사실에 분노가 치밀었으나, 한편으로는 내 집도 아닌 일에 내 돈을 쏟아붓고 싶지 않았다.

"… 전 그런 돈이 없습니다."

"안다 … 큰누나 동업자가, 그 사람 건물도 경매에 넘어갔는데 까딱하면 알거지가 될 상황이라 백방으로 돈을 마련하러 다닌다는구나… 그 사람이 돈을 일부라도 가져오면 그 돈으로 입찰금을 밀어넣고."

나는 머리가 아파왔다. 38년을 살면서 법원이나 세무서, 경찰서는 한번도 가본 적이 없었다. 평범한 소시민이 대체 그런 곳에 갈 일이 있단 말인가? 그리고 나는 여전히 숫자에 약했다. 내가 건축회사에서 하는 일은 일종의 '그림'이었다. 계산은 컴퓨터가 알아서 했다.

"그럼… 문제가 다 해결됩니까?"

"다 해결이 아니라… 우선 급한 불을 끄려는 게다. 네가 낙찰(落札)을 받으면 집 문제는 일단 한시름 놓는다."

'한시름?'

나는 갑자기 화가 치밀었다. 이런 상황이 벌어질 때까지 아버지 어머니는 대체 무엇을 했단 말인가? 내가 '물려받아야 할 집'이 아니라 '내가 태어나고 자란 집', '아버지 어머니가 지금 살고 있는 집'이 경매로 넘어갔다는 사실이 너무 어이가 없었다. 화를 억누르지 못하고 소리쳤다.

"그러니까 왜 누나 말을 믿고, 이런 어처구니없는."

그러나 내 말은 끝을 맺지 못했다. 여태 조용히 있던 아버지가 벌떡 일어나 큰소리로 외쳤다.

"이놈아, 이 집이 네 집이냐? 내가 내 집 가지고 돈 빌려 쓰는데 네가 무슨 상관이냐?"

"그럼, 두 분이서 해결하시지, 나를 왜 불렀어요!"

아버지는 '끙' 소리를 내며 다시 소파에 앉았다. 그리고 대화는 끊어졌다. 문득 오래전, 매형이 집안의 도자기를 가져가 팔아치웠을 때 아버지가 나에게 했던 말이 떠올랐다.

"그것은 내가 모은 것이니까 내 것이지. 네 것은 아니다. 그러니 왈가왈부하지 마라."

맞는 말이었다. 이 집도 아버지가 모은 것이었을 뿐, 나는 왈가왈부할 자격이 없었다. 10년이 훌쩍 넘었음에도 나는 그 엄연한 사실을 가슴에 새기지 못하는 여전히 어리석은 아들이었다. 밖으로 나와 마음을 가라앉히려 동네 여기저기를 쏘다녔다. 고등학교 동창을 불러내 의미없는 소주 한 잔을 마시고, 큰누나에게 찾아가 한바탕 난리를 칠까 하다가 '이 집이 네 집이냐?'

던 아버지의 말이 떠올라 밤늦게 터덜터덜 '아버지의 집'으로 돌아왔다. 화가 치밀었고, 어처구니없었고, 서글펐고, 안타까웠고, 창피했다.

다음날 아침 일찍 집을 나서 법원에 가자 '오늘의 경매' 목록에 아버지의 집 주소와 면적, 금액이 적혀 있었다. '남중동 1가 88-1번지'. 38년을 살아오면서 적어도 100번 이상은 이런저런 서류에 적었을 주소였다. 영원히 잊을 수 없을 그 주소가 '추억의 저편'으로 사라질 수도 있다는 참담함이 들었다.

경매 입찰서류에 막 내 이름을 적었을 때 휴대폰으

로 전화가 왔다. "동업자가 돈을 구해 이자와 원금의 일부를 은행에 가져다주었고, 은행에서 경매취소 서류를 법원에 보낼 예정이니 그냥 돌아오라"는 것이었다. 그것이 가능할까? 경매는 이미 시작되었는데 은행에서 지금 취소가 가능한가? 긴가민가 망설일 때 또 전화가 왔다. "경매에 들어가도 은행에서 취소하면 그만이기 때문에 입찰은 무효가 된다"는 것이었다. 나는 입찰서류를 찢어 휴지통에 버리고 발길을 돌렸다.

그 말을 믿어서가 아니었다. 어제 아버지가 했던 "이놈아, 이 집이 네 집이냐? 내가 내 집 가지고 돈 빌려 쓰는데 네가 무슨 상관이냐?"라는 말이 머릿속에서 여전히 맴돌고 있기 때문이었다. 엄밀히 따져 아버지의 집이 경매로 넘어가든, 물난리로 가라앉든, 불이 나서 활활 타든 상관할 바 아니었다.

집으로 돌아와 옛날 내 방에서 먼지 묻은 책 3권을 꺼내 가방에 넣었다. 현관에서 신발을 신은 뒤 어머니에게 차갑게 말했다.

"전 올라갑니다."

그리고 서울의 '내 집'으로 왔다. 그날 이후 8년 넘게 한번도 고향에 가지 않았다. 그동안 어머니도 누나들도 내게 전화 한번 하지 않았다. 당연히 아버지는 내 전화번호도 모를 것이었다. 그런데 어제 "아버지가 위독하시다"고 전화가 온 것이었다.

　중환자실에 누워 계신 아버지의 몸에는 여러 장치가 부착되어 있었다. 볼은 움푹 들어갔고, 이마의 주름살은 깊었으며, 팔과 다리는 몹시도 가늘었다. 병실에 있는 30분 동안 아버지는 한번도 눈을 뜨지 못했다. 허리가 반이나 굽은 어머니는 한걱정을 늘어놓았다.
　"너, 바쁠틴디… 굳이 안 와도 되는디… 니 아버지

가 쓰러지고는 딱 한마디를 해서 으짤 수 읎이 너를."

"……"

"니가 꼭 와야 한다고."

"……"

그러니까 얼굴 한번만 비쳐주고 곧바로 서울로 올라가그라. 바쁠틴디."

"누나들은 안 왔나요?"

"큰누나는 어제 왔다갔고… 작은누나는 저녁에 올 기다. 학교 선상이 막 수업을 빼먹을 수 있다냐."

의사는 아버지의 현재가 자연적 현상임을 강조

했다.

"노환입니다. 그리 크게 걱정하지 않아도 됩니다."

나는 어머니를 차에 태우고 집으로 왔다. 8년 동안 집은 쇠락해져 있었다. 노인 둘만 살았기에 퀴퀴한 냄새가 났고 지저분했다. 평소 깔끔했던 어머니와 강직했던 아버지도 세월 앞에서는 어찌할 수 없었다. 나는 움푹 들어간 낡은 소파에 앉아 말없이 집안을 둘러보았다. 창밖 대추나무 아래에는 낡은 자전거가 여전히 세워져 있었고 녹이 더 슬어 있었다. 어머니는 모처럼 집에 온 아들의 저녁을 해주려 분주히 오갔다.

"저녁은 나가서 먹지요."

"아니다. 니가 오랜만에 집에 왔는디 어미가 돼가
지고 아들 밥을 안 차려주면 되겠니."

도마 위에 무언가를 올려놓고 써는 소리와 보글보
글 물 끓는 소리가 한참이나 들렸다. 잠시 후 내 앞에
놓아진 밥상에는 반찬이 다섯 가지였다. 평소 그렇게
먹는 것 같았다. 아니, 평소에는 세 가지였을 것이었다.
어쩌면 두 가지였을 것이었다. 8년만에 돌아온 외아들
을 위해 칠순 노모는 힘겹게 두 가지를 더 장만했을 것
이었다. 갑자기 눈물이 핑 돌았으나 짐짓 태연하게 숟

가락을 들었다.

"어머니는 안 드세요?"

"나는 안 먹어도 된다. 좀 있다 누룽지나 끓여 먹을
란다. 찬찬히 많이 먹거라."

우걱우걱 입안으로 몰아넣고 아버지의 방으로 들
어갔다. 5개의 책장에 낡은 책들이 가득했다. 내가 국
민학교에 들어가기 훨씬 전부터 꽂혀 있던 1960년대
에 발행된 책들도 그 자리에 그대로 있었다. 책들을 둘
러보는 내 눈에 책장 아래에 가지런히 놓여있는 낡은
노트들이 들어왔다.

備忘錄 (비망록)

40년 가까이 써온 아버지의 간단한 일기였다. 나는 무심히 꺼내들어 아무 곳이나 펼쳤다. 알싸한 냄새와 함께 누렇게 빛이 바랜 종이에 역시 빛이 바랬지만 파란색 잉크의 단정한 글자가 어제인듯 선명했다.

1971년 2월 22일 (月) 맑음

혜영이가 仁榮女中 入試에서 首席을 했다는 連絡이 왔다.

내 生涯에서 이보다 더 기쁜 날이 또 있을까 싶다. 男兒였다면

능히 棟梁之材가 되었을 것이다.

아버지가 얼마나 기뻐하셨을지 눈에 선했다. 큰누
나가 중학교에 들어가자 아버지는 매일 아침 6시에 일
어나 자전거를 닦으셨다. 뒤에 딸을 태우고 학교까지
데려다주기 위해서였다. 공부 잘하는, 훗날 분명 '판검
사가 될' 큰딸을 싣고 새벽길을 힘차게 달리며 중년의
아버지는 어떤 꿈을 꾸셨을까? 그러나 평생을 살아온
집이 바로 그 딸로 인해 남의 손으로 넘어갈 뻔했다는
위급함이, 나아가 배신감이 얼마나 큰 아픔으로 다가
왔을지 생각하자 가슴이 아려왔다.

　어느 날 내가 자전거를 고장 내 누나가 걸어가던

날 맞았던 회초리가 어른거렸다. 나도 모르게 분노와 안타까움의 한숨을 내쉬며 서너 장을 더 넘기다가 누나들의 이름보다는 내 이름이 더 많이 적혀 있음을 발견하고 깜짝 놀랐다. 등에 소름이 좌악 돋았다.

1981년 6월 30일 (火) 흐림

태형이가 美術을 하고 싶다고 말했다. 어쩌면 외삼촌을 닮아 藝術家的 氣質이 있을 것이련만 나는 反對했다. 藝術家는 孤獨과의 싸움이다. 태형이가 그 외로운 싸움을 해나갈 수 없으리라는 것을 잘 안다. 學業에 뜻이 없어도 技術을 지녀야만 世波를 헤쳐나갈 수 있다. 아들녀석이 내 깊은 뜻을 헤아리기를 바라지만 내 慾心에 불과하다. 좋은 말로 說得하지 못하고 큰소리를 친 것이 못내 마음에 걸린다. 하지만 강하게 키우려면 어쩔 수 없다.

1987년 9월 11일 (金) 비

이번 주말에 軍에 있는 태형에게 面會를 가려 했는데 計劃이 不發되었다. 會社가 어려워져 일요일에도 出勤해 生産을 督勵하고 資金 흐름을 파악해야 했다. 民主軍隊가 되었다 하지만 혹여 不美스러운 일은 없는지 늘 근심이다. 除隊하는 날까지 健康하기만을 祈願할 뿐이다.

나는 눈이 아른거려 일기를 접고 밖으로 나왔다. 어느새 밤하늘에 별들이 초롱초롱했다. 47세의 나이에 79세 아버지의 일기를 읽는 것이 과연 어떤 의미인지 알 수 없었다. 앞마당을 이리저리 거닐다가 방으로 들어와 이불을 깔고 누웠다. 다시 밖으로 나가 대추나무 옆으로 갔다. 그 자전거였다. 아버지가 큰딸을 태우고 달리던 자전거… 큰누나가 집 옆의 고등학교에 입학한 이후 쓸모가 없어졌던 자전거… 고장 냈다는 이유로, 그래서 누나를 걸어가게 했다는 이유로 회초리를 맞은 이후 내 눈밖에 벗어난 자전거… 그날 이후 나는 아버지의 자전거를 타지 않았다.

　대학에 들어가자마자 구내서점에서 넉 달 동안 아르바이트를 했는데 책을 읽거나 학비를 벌기 위해서가 아니라 순전히 자전거를 사기 위해서였다. 당시만 해도 아르바이트가 치열하지 않은 시절이었기에 쉽사리 구내서점에서 일할 수 있었다. 넉 달 동안 모은 돈으로 날렵한 사이클을 사서는 여봐란 듯이 집으로 타고 와 아버지의 낡은 자전거 옆에 턱, 세워 놓았다. 햇빛을 받아 나의 사이클은 반짝 빛을 냈다. 그 반짝거림이 너무 좋아 한참이나 미소를 거두지 못했다.

한편으로는 유치하고 치졸하며, 소심하기 짝이 없는 복수였다. 나도 이제 아버지의 도움 없이 내 힘으로 자전거를 살 수 있음을 보여주었다. 하지만 몇 번 타지도 않은 채 겨울이 되기 전에 고물상에 팔아 친구들과 술을 마셔버렸다. 그날 이후 나는 자전거를 타지 않았다.

그런데 아버지의 자전거는 형편없이 녹이 슬고 이곳저곳 망가졌어도 여전히 그 자리에 있었다. 방으로 들어와 다시 이불을 덮고 누웠다. 천장의 촌스러운 사방무늬가 눈을 어지럽혔다. 마음 한켠에서는 일기를

마저 읽으라고 충동였고, 반대켠에서는 더 이상 읽지

않아도 아버지가 나를 얼마나 근심하고, 응원하고, 사

랑했는지를 알 수 있다고 속삭였다.

　한참을 망설이다 몸을 일으켜 결국 일기장을 펼

쳤다.

1992년 2월 12일 (水) 눈

태형이가 여러 곳에 就業願書를 냈다 한다. 아내를 통해
어디에 냈는지를 알아보았다. 5곳 중에 그나마 可能性이 있는
곳이 日星建築社였다. 서울 여러 곳에 電話를 걸어 大學 同窓
김영현의 동생이 建築業을 하고 있으며, 그와 거래하는 社長
이 日星建築社 常務와 顔面이 있다는 것을 겨우 알아냈다. 내
일 上京해야겠다.

1992년 2월 13일 (木) 눈

어제부터 내린 눈으로 交通停滯가 심했다. 첫 汽車를 타고 上京해서 김영현의 弟를 만났다. 점잖은 그에게 生面不知의 내가 아들 就業 請託을 하기는 面垢했으나 긴히 事情을 이야기하고 그와 함께 去來處 社長을 만나 호텔에서 점심을 待接했다. 거들먹거리는 社長은 日星建築社 常務에게 잘 이야기해보겠다고 말했으나 은근히 바라는 눈치였다. 準備해간 봉투를 交通費라도 하시라며 건네주었다. 또 김영현의 弟에게도 똑같은 봉투를 주었다. 非道德的 行爲임을 잘 알지만 豚兒를

둔 父로서 응당 겪어야 할 일이었다. 오늘 消費한 돈이 적지

않았음에도 난생 처음 호텔에서 食事를 했으니 아들 德分이라

생각한다.

나는 일기장을 덮고 우두커니 앞만 바라보았다. 전등 아래로 먼지 서너 개가 떠다녔다. 다른 일기장을 들어 아무 곳이나 펼쳤다.

1996년 5월 6일 (月) 맑음

媳에게서 태형이가 美術大會 特賞을 받았다는 連絡이 왔다. 15년 만에 望을 이루었으니 晩時之歎이 있는 것은 나의 탓이라 自責한다. 그 素質을 애비의 反對에도 불구하고 늦게나마 發顯시킨 것을 眞心으로 祝賀한다. 문득 내 幼年의 望은 무엇이었나 더듬어 보았다. 멋진 마도로스가 되어 世界를 探險하고 싶었던 遠大함은 사라지고, 生活에 埋沒된 老年의 男子만 남았다. 아들녀석은 나와 같은 前轍을 밟지 않음이 참으로 고맙다.

나는 일기장을 덮고, 불을 끈 채 어둠에 잠긴 천장을 가만히 바라보았다. 그리고 깊은 잠에 빠져 들었다.

의사는 또 한번 '안심해도 됩니다'라고 말했다.

"보름 정도 계시다가 퇴원하면 적어도 5년은 더 사실 것입니다. 병이 아니라 노환일 뿐이니 그리 걱정들 하지 마세요."

아버지는 여전히 잠에 빠져 사람들이 오가는 것을 알지 못했다. 수업을 다른 선생님에게 맡기고 온 작은 누나는 별다른 말이 없었다. 큰누나는 의식적으로 나를 피하는 것이라 생각했다. 내가 막 의자에서 일어나려 했을 때 아버지가 눈을 떴다. 한참 동안 천장을 응시하다가 겨우 고개를 돌려 나를 바라보았다. 그리고 링겔이 꽂혀 있는 손을 뻗었다. 나는 망설이다 그 손을 잡았다. 여위고 차가운 손이었다. 무언가 한마디라도 하고 싶었지만 아무런 말도 입 밖으로 나오지 않았다. 아버지가 먼저 힘겹게 입을 열었다.

"상…자."

"네?"

"서재… 아래에 상자…."

그리고 입을 다무셨다. 나는 회사로 전화를 걸어 휴가를 하루 더 연장하고 집으로 갔다. 거실 소파에 앉아 나무와 화초, 풀들이 마구 뒤엉켜 있는 마당을 한참이나 바라보다가 아버지 서재로 들어갔다. 일기장이 쌓여 있는 옆에 낡은 와이셔츠 상자가 3개 있었다. 앞에 '新光(신광)'이라는 상표가 찍혀 있었으며 그 아래에 큰누나의 이름 惠(혜), 작은누나의 이름 姬(희), 내 이름 衡(형)이 적혀 있었다. 붓으로 굵게 쓴 글씨는 오랜 세월에 빛이 바래 회색이었다.

떨리는 손으로 衡의 뚜껑을 열자 오래된 서류들이

나왔다. 국민학교 1학년 때부터 고등학교 3학년 때까
지 내가 받아온 성적표가 하나도 빠짐없이 고스란히
있었다. 무심히 하나를 꺼내자 중학교 3학년 2학기의
성적표가 집혀 나왔다. 우미미양우양, 36/61… 한 반
61명 중에서 36등이었다. 얼굴이 화끈거렸다. 그 아래
에 12개의 개근상장이 있었다. 공부는 못했어도 성실
했다는 증거여서 그나마 안심이 되었다.

그 아래에는 내가 공모전에서 입상을 한 신문기사
와 잡지 인터뷰가 20장 넘게 철해 있었다. 나조차 간직
하지 못했던 기사도 여럿이었다. 그리고 봉해진 하얀

편지봉투가 나왔다. 오후 4시의 햇살이 비쳐들어 글자
가 선명하게 빛났다.

遺言狀(유언장)

치밀하기 그지없는 아버지가 자신의 운명을 예견
하고 미리 작성해놓은 유언장이었다. 아버지는 나에게
그것을 읽어보라고 말하려 했을 것이었다. 나는 떨리
는 손으로 봉투를 들어 한참이나 바라보았다. 이제 겨
우 47세에 아버지의 유언장을 읽고 싶은 마음은 추호
도 없었다. 더구나 그 아버지를 존경하지 않는데….

47년 동안 아버지가 나를 사랑한다고 생각한 적은 단 한번도 없었다. 또 이제 와서 그 생각을 바꾸고 싶지 않았다. 아버지가 평생에 걸쳐 얼마나 나를 격려하고, 응원하고, 사랑했는지는 분명했다. 하지만 나는 그것을 인정하고 싶지 않았다. 결코!

유언장을 와이셔츠 상자에 넣은 뒤 제자리에 놓고 일어섰다. 惠와 姬의 상자를 볼 필요는 없었으며 아버지의 집에서 더 이상 할 일은 없었다. 아버지의 병은 곧 완치될 것이며, 누나들과 나눌 대화도 없었다. 나는 평생을 성실하게 살아왔던 아버지가 그렇게 쉽사리 세상을 하직하리라고는 생각하지 않았다.

차에 시동을 걸자 어머니가 검정 비닐봉투 하나를 불쑥 내밀었다.

"뭐예요?"

"오리쌀이다. 너 어렸을 때 좋아했던… 가면서 묵거라."

나는 입을 달싹이다가 잠자코 받아서 의자에 놓았다. 예닐곱 살 때 누런 오리쌀을 동네 아이들에게 한 주먹씩 나누어주고는 오도독 씹으며 재재거리며 놀았던 추억이 스치며 지나갔다. 어머니는 또 무언가를 꺼내 내밀었다.

"가다가 커피 사 묵거라."

앙상한 손에 들린 것은 꼬깃꼬깃한 만원짜리 두 장이었다. 나는 입을 달싹이다가 잠자코 받아서 비닐봉투 옆에 놓았다. 마지막일지 모른다는 생각이 들어서였다. 어머니는 나를 한참이나 응시하다가 미안한 듯 입을 열었다.

"아부지가 퇴원하면 이 집을 팔고… 시골로 내려가려 한다. 이 집은 너무 오래되었고, 자꾸 옆으로 신식

건물이 생긴단다."

굳이 설명하지 않아도 아버지의 집은 동네에서 가장 넓었지만 가장 낡았다. 아버지의 퇴직금은 상당할 것이었을 테지만 그 돈이 어디로 갔을지는 미루어 알 수 있었다. 큰누나의 감언이설에 그 돈의 태반이 사라졌을 것이었다.

내가 "아버지 퇴직금을 건들지 마요"라고 누나에게 말했다면 어떤 상황이 벌어졌을까? 분명 아버지는 "네가 뭔데 내 돈에 왈가왈부 하느냐"고 질책했을 것이었다. 퇴직금을 놓고 아들과 딸이 맞붙는 추태가 벌어졌을 것이었다. 그것을 잘 알기에 나는 아버지 퇴직금에 대해 단 한마니의 말도 하지 않았다. 그것을 잘 알기에 8년 동안 고향집에 얼씬도 하지 않았다. 그럼에도 아버지와 어머니는 내 예상처럼 빈털터리가 된 것이 분명했다. 나는 그런 상황을 만든 큰누나를 원망하지도 않았고, 용서하지도 않았고, 미워하지도 않았다. 그것이 그녀의 운명이자 아버지의 운명인 것을 내가 어찌 간섭할 수 있으며, 저항할 수 있단 말인가?

"시골, 저 아래 여산, 갈매봉 아래에 조그만 집 한 채를 봐두었다. 아버지 친구분이 그거서 살고 있는데… 함께 살자고 해서… 그리 가려 한다."

"잘 하셨어요."

"살림살이는 죄다 버리고… 숟가락하고 밥그릇하고… 옷 몇 벌하고… 그렇게만 가지고 갈란다. 나머지는 죄다 버리고…."

"잘 하셨어요."

대답하면서 '내가 불효자식일까? 아닐까?'를 생각했다. 판단을 내리기 어려운 질문이었다. 어머니는 그 윽한 눈길로 나를 가만히 바라보다가, 입을 달싹이다가, 지금 하지 못하면 영원히 할 수 없을 것이라는 표정으로 입을 열었다.

"태형아. 와줘서 고맙구나."

"……"

"에미는 니가 자랑스럽단다. 늘."

"……"

"아부지도 너를 늘."

"갈게요."

나는 창문을 올리고는 액셀을 밟았다. 더 이상의 말
은 나에게 아무런 의미가 없었다. 차가 골목을 빠져나
오자 오리쌀을 집어 입에 넣고는 오도독 씹었다. 이빨

이 아파왔으나 40년 만의 오리쌀은 색다른 맛이었다. 오도독 오도독 씹을 때마다 속도가 올라갔고 노교수의 말이 머리를 스쳤다.

"남자는 누구나 예외없이, 일생에 한번 이상 로드로망의 주인공이 됩니다."

그 주인공이 슬픔이나 분노보다는 감회를 안고 돌아가는 것이 그나마 위로가 되었다. 문득 고등학교 2학년 아들녀석은 지금 무엇을 하고 있을까 궁금했다. 보나마나 아버지가 없는 틈을 이용해 컴퓨터게임으로 밤을 새우고, 핸드폰으로 친구들과 수다를 떨고, 독서

실에 간다는 핑계를 대고 밤늦게까지 몰려다닐 것이
었다. 그런 아들에게 한번 야단을 치자 당당하게 대꾸
했다.

"아버진, 저를 이해하지 못해요. 지금은 세상이 달
라졌다구요."

세상이 달라졌다는 것을 내가 어찌 모를까? 그럼에
도 아들을 이해하지 못하는 것은 분명했다. 내가 아버
지를 이해하지 못했던 것처럼… 평생에 걸쳐 아버지
가 내게 바란 것은 '한 명의 사내'였을 것이다. 사내로
서 세상을 용감하게 헤쳐 나가기를 바랐을 것이다. 그

마음을 이해하지 못한 나는 그토록 오래 타인으로 살았던 것이다.

저만치 앞에서 자전거 한 대가 지나가고 있었다. 서른 대여섯의 사내가 뒤에 예닐곱 살의 딸을 태우고 바람을 가르며 신나게 페달을 밟아 나갔다. 딸은 한 손으로 아버지의 허리를 붙잡고, 한 손을 휘휘 내두르며 호호홋, 들뜬 웃음을 터트렸다. 그 웃음이 비누방울처럼 하늘로 퍼졌다. 오후 4시 46분이었다. 나는 브레이크를 밟았다. '나머지는 죄다 버리고'라는 어머니의 말이 떠올라서였다. 20여m를 더 나아간 뒤 유턴했다. 초인

종을 누르자 어머니가 의아한 얼굴로 대문을 열어주었다.

"놓고 간 게 있어요."

"무얼?"

자전거는 승용차 트렁크에 싣기는 너무 컸다. 아버지의 자전거는 요즘은 생산되지 않는 튼튼한 스탠다드형이었다. 고물상에서조차 보기 드문 자전거였다. 녹이 슬고 먼지가 뿌옇게 앉아 그 어느 곳에서도 환영받지 못할 것이었다. 창고를 열자 몇 가지 공구가 역시 녹이 슨 채 가지런히 정돈되어 있었다. 커다란 몽키스

패너를 들고 분해하기 시작했다.

"그그걸… 뭐 할려고 하니? 아무짝에도 쓸모없는 걸."

"제가 가져 가려구요."

"탈 수도 없는 고철덩어리를… 뭐 하려고?"

그 질문에 명확한 답을 할 수 없었다. 왜 자전거를 가져가려 하는지 나 자신조차 알 수 없었다. 핸들과 프레임, 바퀴를 분리하자 뒷좌석과 트렁크에 우격다짐으로 집어넣을 수 있었다. 수도꼭지를 틀어 차가운 물을 벌컥 마시고는 손을 씻었다.

"이제 진짜로 갈게요."

"……"

"몸조리 잘 하시고… 곧 또 올게요."

"……"

가로등 불빛만이 고즈넉하게 빛을 밝히는 휴게소에 들러 진한 커피 한 잔을 마셨다. 평소 커피를 좋아하지 않았지만 오늘 밤, 커피를 마시지 않을 수 없었다.

유언장에는 어떤 내용이 담겨 있을까?

그 무엇이든 그것은 한마디로 요약할 수 없을 것이

었다. 아버지와 아들, 그 천륜의 관계는 인간으로서는 도저히 공감할 수 없고, 해결할 수 없는 관계이지 않은가. 아버지는 유언장 안에 사랑이나 존경, 공감보다는 '이해', 그 한마디를 담았을 것이었다. 하지만 죽는 날까지 내가 아버지를 이해할 수 있을지 자신이 없었다.

3년 후 나는 길고 긴 자전거 여행길에 올랐다. 일주일 전 아내가 잔소리를 퍼붓지 않았다면 나는 자전거에 대해 영원히 잊었을 것이었다.

"베란다에 있는 저 고철 자전거… 저거 어떻게 할

거예요? 필요 없으면 당장 내다버릴 거예요."

"무슨 자전거?"

"당신이 몇 년 전에 시골에서 가져온 고물 자전거."

나는 그제야 아버지의 자전거가 떠올랐다. 서울에 도착한 다음날 분해된 그대로 베란다 구석에 처박아 놓고 까마득히 잊고 있었다.

일요일에 핸들과 프레임, 바퀴 두 개를 놀이터로 옮겨 조립을 시작했다. 온갖 공구를 동원해 조립을 시도했지만 생각보다 쉽지 않았다. 대충 얼기설기 틀을 잡은 뒤 질질 끌고 자전거포로 가지 않을 수 없었다. 주인은 대뜸 혀를 끌끌 찼다.

"형태는 잡을 수 있지만, 브레이크를 갈아야 하고, 안장도 바꿔야 하고, 바퀴살도 열 개 넘게 부러졌고, 타이어도 속에서부터 겉까지 다 바꿔야 하고, 페달도 너무 녹이 슬었고⋯ 차라리 새 것을 사는 게 값이 더 싸요. 요즘 중국산도 얼마나 잘 나오는데."

"비용은 다 드릴테니 잘 굴러가게만 해주세요."

"뭐, 원하신다면⋯ 그런데 자전거는 굴러가는 것보다 멈추는 게 더 중요해요."

나는 고개를 끄덕였다. 앞으로 힘차게 나아가는 것

보다 멈춰야 할 때 멈춰야 하는 것이 더 중요하다는 사실을 그는 알고 있었다. 1시간 후 조립이 끝나자 놀이터로 다시 끌고 와 걸레로 닦기 시작했다. 물을 짜서 뒷바퀴 물받이를 문지르자 검은 때가 벗겨지면서 하얀 스테인리스가 서서히 모습을 드러냈다. 그리고 그곳에 돋을새김으로 글자가 새겨져 있는 것을 발견했다. 못으로 찍어서 새긴 숫자였다.

671028

햇빛을 받아 반짝 빛나는 숫자를 보는 순간 숨이 턱, 막혔다. 현기증이 일어 앞으로 쓰러지려는 몸을 겨우 지탱했다. 67년 10월 28일. 그것은 내 생년월일이었다. 떨리는 손으로 숫자를 쓰다듬자 30년 전, 어쩌면 40년 전 자전거에 숫자를 새기느라 땀을 뻘뻘 흘리셨을 젊은 아버지가 떠올랐다. 나는 숨을 한참이나 가다듬었다.

눈물 한 방울이 솟구치는 것을 억누르며 걸레를 들고 일어나 모래밭을 한참이나 거닐다가 앞바퀴를 닦기 시작했다. 물받이를 힘주어 문지르자 하얀 스테인

리스에 또 하나의 글자가 나타났다.

泰衡號(태형호)

나는 또 한번 숨이 막혀 손질을 멈추었다. 이 자전거는 자전거가 아니었다. 아버지의 배였고, 그 이름은 '태형호'였으며 그 배의 선장은 결국 나였다. 문득 아버지의 일기에 '멋진 마도로스가 되어 세계를 탐험하고 싶었던 위대함은 사라지고' 글귀가 떠올랐다. 아버지의 꿈은 마도로스였고, 거대한 배를 타고 바다를 항해하면서 세계를 탐험하는 원대함이었다. 그 꿈을 접고 아버지는 태형호에 올라 자식들의 뒷바라지에 한 평생을 바친 것이었다. 그러나 그 한평생은 실패로 돌아갔다. 실패는 아닐지언정 보잘 것이 없었다. 새벽같이 일어나 공부 잘하는 딸을 학교까지 하루도 빠짐없이 데려다 주었건만 그 딸은 아버지의 가슴에 못을 박았고, 기대를 걸었던 또 하나의 딸은 평범한 소시민이 되었다. 아들은 자신이 태형호의 선장임을 알아차리지 못했다.

"아…버…지…."

더러운 걸레로 눈물 한 방울을 찍어낸 뒤 몸을 일

으켰다.

"참, 바보셨군요."

일주일 후 나는 자전거에 거울을 달고, 핸드폰 거치대를 달고, 작은 트랜지스터 라디오를 달고, 물통을 달고, 옷가지와 지갑, 양말, 수첩, 지도책, 손전등을 넣은 작은 가방을 뒷자리에 단단히 묶었다. 그리고 새로 산 운동화를 신고 집을 나섰다.

"서울에서 익산까지, 그 나이에, 저 고물 자전거를 타고, 내려가시겠다고요?"

"그게 뭐 어려울까."

"지금 그걸, 말이라고 해요."

"옛날 이 자전거 주인에 비하면 아무것도 아니지."

"옛날 주인은 어땠는데요?"

나는 대답을 하지 않고 집을 나섰다. 걱정이 한가득
인 아내와 건성으로 손을 흔드는 건방진 아들을 남겨
두고 힘차게 페달을 밟았다.

서울-성남-용인-오산-평택-천안-공주-논산-익
산까지 가는 길은 50세인 나에게 분명 먼 길이었다. 하
지만 그 옛날 자전거 주인이 어림잡아 600여 일 동안
달린 거리에 비할 바가 아니었다. 아버지가 가슴 가득

희망을 안고 딸을 태우고 미래를 향해 달렸듯 나 역시 희망을 가득 안고 페달을 밟았다. 숨이 차고, 다리가 아려오고, 갈증이 일지라도 결코 멈추지 않을 것이었다. 내가 찾아가는 것은 미래도 아니오, 이해도 아니오, 사랑도 아니오, 공감도 아니었다.

내가 시골집에 도착하면 죽음의 그림자를 옆에 둔 아버지는 분명 무뚝뚝한 얼굴로

"미련한 놈, 차를 타면 얼마나 편한데. 나이가 들어서도 하는 짓마다 어리석구나"

라고 질책할 것이었다. 그것을 잘 알면서도 내가 자전

거를 타고 아버지를 만나러 가는 이유는 딱 하나였다.
아버지의 일기에

    오늘 태형이가 서울에서 自轉車를 타고 왔다. 버리려 했던
自轉車를 修理해서 타고 왔으니 참으로 奇特하다. 몸이 健康
하게 回復되면 태형이와 함께 自轉車를 타야겠다. 이승을 떠
나기 전에 작은 望을 안겨주었으니 아들이 정말 고맙다.

라고 기록하게 하기 위해서였다. 그것이 못난 아들이
아버지에게 줄 수 있는 처음이자 마지막 선물이었다.

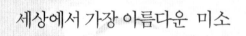

세상에서 가장 아름다운 미소

* 이 이야기는 저자가 2004년 서울 중구 중림동에서 칼국수집을 운영하면서 실제로 겪은 실화이다.

고개를 돌렸을 때 시계는 정확히 4시 1분이었다. 무엇을 끝내기에는 너무 이르면서도 무엇을 시작하기에는 너무 늦은 시각이었다. 그래서 오후 4시는 우리네 인생에서 가장 애매한 시간이었다.

팔팔 끓는 물로 소독을 한 숟가락과 젓가락을 행주로 슥슥 닦을 때 주방장은 앞치마를 벗어 의자에 걸쳐놓고는 신문을 펼쳤다. 신문보다 TV가 더 재미있을 것이련만 그는 특별한 경우가 아니면 TV를 보지 않았다.

"연속극이고, 야구시합이고 한번 눈을 붙이면 떼기가 어려워서."

애당초 보지 않겠다는 결심이었다. 주방장이 휘휘-휘파람을 불며 건성으로 신문을 읽으면서, 넘기면서 시간을 때울 때 문이 열리고 한 여자가 안으로 들어왔다. 여자를 보는 순간 나는 시계를 또 한번 보았다. 4시 14분. 역시나 애매한 시각이었다. 그것보다 더 애매하고 당황스러운 것은 여자의 차림새였다. 나보다 한두 살 쯤 많아 보이는 그 여자는 한눈에도 정상에서 약간

멀어 보였다. 잠깐 '어찌 할까?' 망설였다.

1년 전 이곳에 테이블 8개짜리 칼국수집을 인수했을 때 옆 가게 도배·장판집 안주인이 동네 사람들에 대해 이런저런 사연을 들려주었다.

"수선집 여자는 남자가 암으로 일찍 죽고, 혼자 아들 둘을 키우지. 10년을 장사해도 그 사람에게 칼국수 팔 일은 없을 거야. 저 위에 구둣가게 사장은 돈 씀씀이가 커서 애초 이 작은 식당에는 오지 않을 거야. 대신 구둣가게 직원들은 칼국수 사먹으러 자주 올 거야. 저기 3층 옥탑방에 사는 여자는 칠순이라고 하는데,

진짜 이름은 모르겠고, 그냥 칠순이라고 불러. 부잣집에서 태어나 공부를 곧잘 했다는데 결혼하고 애기를 못 낳아서 술 취한 남편에게 한 대 맞았는데 정신이 돌았다고 하더군. 시댁에서 쫓겨나서는 혼자 옥탑방에 사는데 빙충이 같은 남자를 만나 그렁저렁 살아가. 근데 칠순이라서 칼국수를 사먹을 엄두는 내지 못할 거야… 그리고 나머지 사람들은, 음식만 맛있으면 곧잘 올 거야."

나는 여자를 보는 순간 칠순이임을 알아차렸다. 왜 칠순이인지 샅샅이 살펴보지 않아도 금방 알 수 있었다. 마흔 서넛의 여자답지 않게 몸은 말랐는데 가슴은 비정상적으로 컸고 배는 남산만 했다. 하지만 임산부는 아니었다. 커다랗고 요란한 장미꽃이 새겨진 빨간 상의에 바지는 검은 비로드였다. 그것을 얼마나 오래 입고 다녔는지 엉덩이 부분이 불빛을 받아 번쩍거렸다. 아직도 저런 바지를 만드는지 의아심이 들었다.

눈 아래에 기미가 심하게 끼었는데 정작 볼썽사나운 것은 나름대로 화장을 한 것이었다. 콜드크림을 너무 발라 얼굴이 비로드 바지처럼 전구 불빛에 번쩍였고 새빨간 루즈를 발라 그렇지 않아도 튀어나온 입술

이 더 눈에 띄었다. 그나마 다행인 것은 눈에 악의가 없다는 것이었다. 눈동자 깊숙이에 담긴 불안감과 주저함이 여실히 드러났다. 손에 든 것은 아무것도 없었다. 핸드백도 없고 핸드폰도 없었다.

'이 여자가 돈은 가지고 다니나? 칼국수를 먹고는 돈 없다고 생떼를 쓰면 어떡하지? 그게 문제가 아니라….'

나는 같은 여자로서 그녀에게 동정심이 없는 것은 아니었으나 "칠순이라서 칼국수를 사먹을 엄두는 내지 못할 거야"라는 장판집 안주인의 말이 떠올랐고,

그녀의 외모로 인해 장사를 방해하게 해서는 안 되었다. 나는 그녀가 잘못 들어왔기를 바라면서 '땍땍거리는' 목소리로 물었다.

"무슨 일로 오셨나요?"

"저….."

"여긴 식당이니 다른 볼일이 없으면 나가주세요."

마침 가게 안에는 손님이 없어 불친절하게 말해도, 대놓고 손님을 몰아낸다 해도 소문 날 일은 없었다. 비록 지금은 한가할지라도 적어도 한두 시간이 지나면 손님들이 들어올 텐데 칠순이 때문에 나의 아름다운

가게 이미지를 망치고 싶지 않았다. 주저주저하다가 여자가 입을 열었다.

"저… 여여기서 쪼쪼금 후에… 나남편을 만나기로…"

나는 순간적으로 입가에 비굴한 웃음을 짓고는 친절하게 대꾸했다.

"아- 그러세요. 그럼 저기 앉아서 기다리세요."

그러면서도 장판집 안주인이 말한 '빙충이 같은 남자'가 떠올라 가장 구석진 자리를 손가락으로 가리켰다.

"네… 고고맙습니다."

여자가 걸음을 옮길 때 나는 그녀의 오른쪽 다리가 왼쪽 다리보다 짧다는 것을 알았다. 약간 절뚝이며 구석 자리로 걸어가 의자에 쓰러지듯 앉았다. 순간 마음이 아파왔으나 내 잘못은 아니지 않은가?

내키지 않는 마음으로 물 한 잔을 가져다주었다. "물은 셀프입니다" 말하고 싶었으나 기이한 몸집의 여자가 절뚝이며 식당을 돌아다니는 모습을 보고 싶지 않았다. 아니나 다를까 주방장이 신문을 넘기며 내 귀에 속삭였다.

"사장님, 여기는 셀프인데 왜 물을 가져다주세요?"

"참, 생각을 해봐요. 저 여자가 물 마시려 이리저리 돌아다니면 그 모습이 보기 좋겠어요?"

"하긴, 그렇겠네요."

나는 시계를 보았다. 벌써 4시 30분이었다. 여자는 물을 반이나 마시고 멍한 눈길로 창밖을 바라보고 있었다. 등을 세우고 두 팔을 탁자에 올려 컵을 쥔 자세로 꼼짝하지 않았다. 빈 식당에 똑딱똑딱 시침 소리가 요란하게 들렸다. 그 소리에 오금이 저려 TV를 켤까 망설이다 꾹 참았다. 연속극이 나온다면 여자는 분명

뉴스를 틀어달라 요구할 것이고, 야구중계가 나오면 연속극을 틀어달라 할 것이었다. 5시가 되자 나는 참지 못하고 여자에게 갔다.

"남편이 늦으시나 보네요."

"아아… 어쩌면… 그그런데 곧 올 거예요."

"전화를 해보시지."

"저전 해핸드폰이 읎어서. 쪼조금만 기다리면 올 거예요. 미미안합니다."

나는 드러내놓고 얼굴을 찌푸리며 돌아섰다. 손님의 권리를 망각한 채 '저 여자를 어떻게 쫓아낼까' 궁

리할 때 여자가 수줍은 학생처럼 손을 들었다. 나는 가만히 서 있었고, 신문을 뒤적이던 주방장이 떨떠름한 표정으로 그녀에게 다가갔다.

"저어 저… 죄죄송하지만 물 좀….”

"물은 갖다 드릴게요. 그런데 남편 분이 오시기는 할까요?”

여자는 화들짝 놀라 얼굴이 빨개졌다.

"고곧 남편이 오올 거예요.”

"아, 예-.”

주방장은 입을 샐쭉 하고는 차가운 물 한 잔을 가

져다주었다. 시계는 어느덧 6시를 넘어 가고 있었다.

나는 과연 저 여자가 우리 가게에서 칼국수 한 그릇이

라도 팔아줄까 의구심이 들었다. 그런 나의 마음을 눈

치 챘는지 주방장이 작은 목소리로 물었다.

"사장님, 나랑 내기할까요?"

"무슨 내기?"

"저 불쌍한 여자의 남편이 올까요? 안 올까요?"

나는 확신에 찬 목소리로 대답했다.

"오지 않을 걸."

"그렇다면 저는 '온다'에 만 원을 걸겠습니다."

"좋아, 나는 '오지 않는다'에 만원을 걸지."

내기를 하고 나니 마음이 한결 편해졌다. 만약 남편이 와서 칼국수를 먹으면, 매출이 올라가기 때문에 내가 손해 볼 것은 없었다. 반대로 남편이 오지 않는다면, 내가 이기는 것이니 주방장에게 만원을 받을 것이므로 손해 볼 것은 없었다.

6시 10분에 두 명의 손님이 들어왔고, 곧이어 3명이 들어왔다. 그들은 조용히 혹은 신나게 떠들면서 칼국수를 먹었다. 또 4명이 들어왔고 이어 2명이 들어왔다. 먹자마자 나가는 손님이 있어서 다행이었지만 자칫 그녀로 인해 손님을 받지 못할 불상사가 생길 수도 있었다. 들어오는 손님마다 예외없이 그녀를 흘긋 보고는 미묘한 표정을 지었다.

시계는 이제 7시를 향해갔는데 그럴수록 내 마음은 초조해졌다. 밖은 완전히 어두워져 가로등이 거리를 환하게 밝혔다. 그때 여자가 벌떡 일어섰다. 3시간 만에 처음이었다. 나는 식탁을 닦으면서 그녀를 주시했다. 여자는 얼굴에 촌스러운 미소를 활짝 지으며 절뚝거리면서 밖으로 나갔다.

"역시 그냥 가는군. 그런데 왜 미소를 지을까?"

나의 말이 끝나기도 전에 여자가 다시 가게 안으로 들어왔다. 그 뒤를 한 남자가 따라 들어오고 있었다. 주방장은 빙긋 웃었고 그러면서도 우리 둘은 숨을 죽이고 남자를 바라보았다. 남편이었다. 마흔 중반의, 얼굴이 길고, 볼이 움푹 들어가고, 남루한 파란색 잠바를 입고, 무릎이 튀어나온 낡은 검정 바지를 입고, 검정 얼룩이 묻은 싸구려 운동화를 신은 '빙충이 같은' 남자였다.

여자는 여전히 촌스럽기 그지없는 미소를 지으며 남편을 의자에 앉혔다. 쟁반에 차가운 물을 담아 그들에게 다가가 주문을 받았다.

"무얼로 드릴까요?"

"카칼국수 두 그릇…."

신이 난 주방장이 부지런히 요리를 하는 동안 나는 짐짓 그 부부 옆의 식탁을 닦는 시늉을 했다. 남편은 나를 흘깃 바라보고는 호주머니에서 무언가를 꺼내 탁자 위에 주섬주섬 올려놓기 시작했다. 그것은 꾸깃꾸깃한 만원짜리와 천원짜지 지폐 예닐곱 장이었다. 그 지폐들에는 검정 얼룩이 군데군데 묻어 있었다. 여자가 물었다.

"어얼마예요?"

"육만 하고 팔천원이야."

"아, 오오늘은 어제보다 마많네요."

"으음… 근데 요즘 갈수록 손님이 줄어. 구두를 신
는 남자들이 자꾸 줄어들어서."

"개갠찮아요. 고곧 좋아질 거예요."

여자는 남편이 꺼내놓은 지폐를 두 손으로 정성껏
폈다. 그러고는 불쑥 내게 말했다.

"우우리 나남편이에요. 저 아래 육교 밑에서 구구
두 딲아요."

"아!"

"그근데 정식으로 허가가 안 나서… 그냥, 쪼그마하게."

"아!"

그때 주방장이 칼국수 두 그릇을 싱크대 탁자 위에 올려놓았다. 정량보다 훨씬 많았고 바지락이 두 배쯤 더 들어 있었다. 주방장은 눈을 찡긋했다. 나는 씩, 웃어주고는 그릇을 쟁반에 담아 두 사람의 식탁에 올려놓았다. 남편은 자기 앞에 놓인 푸짐한 음식을 어리둥절한 표정으로 바라보았다.

"갑자기 웬 칼국수야?"

"우우리 겨결혼한 지 2년 되었잖아요. 그그동안 당신 좋아했던 칼국수를 한번도 사주지 못해서. 오늘 꼭 대…대접하고 싶었어요."

"결혼식도 안 올렸는데 뭘."

여자가 새빨개진 얼굴로 수줍게 대답했다.

"이이제… 다당신이 돈 많이 벌면,… 그때 하하하 하면 되지요."

남자는 자신있게 고개를 끄덕였다.

"그런데, 나에게 칼국수를 사주고 싶어서 여기서

날 기다린 게야?”

“예에.”

“오래 기다렸어?”

“아아아니에요. 금방 와왔어요. 한 십분 되었나? 그죠?”

나는 엉겁결에 “네”라고 대답하고는 고개를 돌려 창밖을 바라보았다. 어둠이 깔린 도로 위를 차들이 질주하고 있었다. 어느 곳을 향해 그렇게 서둘러 가는 것일까? 남편은 칼국수를 바라보다가 젓가락을 들었다.

“값이 비쌀 텐데.”

"비비싸기는 해도… 가가끔 당신에게 칼국수 정도
는 사사주고 싶어요. 이이이이야기도 나누고."

　나는 천천히 주방으로 향했다. 이제 두 사람이 오
붓하게 이야기를 나누도록 자리를 비켜주어야 했다.
채 두 걸음도 걷지 않아 나는 '나 자신'이 떠올랐다. 그
리고 남편의 얼굴이 떠올랐다. 우리 부부가 식당에 마
주 앉아 밥을 먹은 기억이 가물가물했다. 아무리 기억
을 더듬어도 5년 이내에는 없었다. 심지어 내가 식당
을 운영하면서도 남편에게 칼국수 한 그릇을 대접한
적이 없었다. 서로 늘 바쁘고 돈을 버느라 정신이 없기

때문이었다.

　나는 여자를 비웃었으나 정작 비웃어야 할 사람은
나였다. 가난한 구두닦이의 아내지만 그녀는 진정한
사랑이 무엇인지, 삶의 작은 기쁨이 무엇인지 아는 여
자였다. 김이 모락모락 피어나는 칼국수 그릇을 두 손
으로 감싸면서 그녀는 남편에게 상냥한 미소를 지었
다. 여전히 촌스럽기 그지없는 미소였지만 마흔 셋의
내가 본 가장 아름다운 미소였다.

장그래의 피자

흰 와이셔츠에, 약속이나 한 듯 파란색과 붉은색의 스트라이프 넥타이를 맨 세 면접관은 앞에 차렷자세로 앉은 5명의 지원자에게 가장 상투적인 질문을 던졌다.

"우리 회사에 지원한 이유가 무엇인지? 만약, 입사를 하게 되면 회사를 위해 어떤 역할을 할 수 있는지, 2분 이내로 답해주기 바랍니다."

첫 번째 지원자는 당연히 여러 차례 연습했을 대답을 세련된 서울말로 또박또박 말했다.

"세계로 발전하는 영한건설의 일원이 되어 사회와

국가에 기여하는 엔지니어가 되고 싶습니다. 또한…."

나는 눈을 감았다. 내가 연습한 문장과 한 치도 다르지 않았다. 면접관들은 건성으로 고개를 끄덕이며 서류에 무언가를 기록했다.

두 번째 지원자 역시 -당연하게- 여러 차례 연습했을 대답을 웅변조로 설명했다.

"영한건설이 내세우는 '아름답고 행복한 보금자리 만들기'에 적극 공감하면서, 우리 국민 모두가 영한건설의 보금자리에서 행복한 꿈을 펼치기를 바라는 마음에서…."

나는 또 눈을 감았다. 내가 연습한 문장과 한 치도 다르지 않았다. 일주일 전 1차 서류합격 통보를 받고 며칠 동안 밤을 새워 대답을 연습했으나 면접 대기실에 발을 디뎠을 때 패기 넘치는 청춘 남녀들을 보고는 불합격을 예상했다. 내가 이 자리에서 근사하고 참신한 미사여구를 늘어놓는다 한들 합격할 가능성은 없었다.

그렇기 때문에 '세계로 발전하는', '미래를 만들어 가는', '행복을 창출하는' 식의 대답은 아무런 의미가 없을 것이었다. 그렇다 한들 그러한 상투적 대답조차

하지 않을 수 없었기에 이윽고 내 차례가 되자 침을 꿀꺽 삼키고는 입을 열었다.

"…고르곤졸라 피자를 직원들과 함께 먹기 위해서입니다."

전혀 엉뚱한 대답이 나오고 말았다. 내 옆의 지원자 4명의 움찔하는 몸짓이 느껴졌고, 휘둥그레지는 면접관들의 눈동자가 동시에 눈에 들어왔다. 하지만 나는 속이 후련해서 소리 없는 함박웃음을 지었다. 탈락이 분명했지만 아쉬움은 없었다.

1년 전 어느 겨울, 선배는 이렇게 말했다. "망설이지 말고, 내가 잘 이야기해 놓았으니까 이력서 들고 찾아가봐."

선배는 약간 미안해하면서도 한편으로는 강압적으로 권유했다. 그러나 나는 찾아가고 싶지 않았다.

"고맙기는 해도… 아무래도 비정규직은….'

"네가 지금, 찬밥 더운밥 가릴 신세니?"

"그렇기는 해도….'

마뜩찮은 표정을 짓자 선배는 빈 잔에 술을 가득 따라주었다.

"아침에 일어나서 갈 곳이 없다는 것처럼 서러운 것도 없어. 그렇게 한두 달 지나고 또 1~2년 지나면 넌 완전히 잊혀진 존재가 되는 게야."

"설마 그러기야 하겠어요."

"잊혀지는 건 순식간이다. 그러니까 이력서 들고 찾아가. 그곳 사장이 내가 잘 아는 사람이야. 회사는 작아도 탄탄하고, 사람들도 다 좋으니까 걱정하지 마."

3일 후 찾아간 곳은 마포에 있는 작은 자동차부품 도소매센터 '오토랜드'였다. 직원은 사장을 포함해 모두 9명이었고 나는 물류센터의 비정규직으로 취업했다. 처음 방문했을 때 너그러워 보이는 사장은 이력서를 훑어보고는 핵심 사항만 이야기했다.

"일은 차차 배우도록 하고… 월급은 128만원, 계약 기간은 1년, 주 5일 근무인데, 3,7,8,9월은 격주근무… 그때는 수요가 많아서 정신이 없지. 점심은 회사에서 제공하고, 자네는 물류센터에서 일하면 되네. 열심히 하게."

나는 마음속으로 "차라리 편의점에서 야간 알바를 뛰는 게 낫겠다"는 생각이 들었다. 동네 편의점에서

저녁 7시부터 다음날 아침 7시까지 일하면 한 달에 최
고 170만원까지 벌 수 있었다. 또 유통기한을 넘긴 도
시락도 먹을 수 있었다. 내가 '비정규직으로 취업을 할
까' 아니면 '편의점 야간 알바를 하면서 낮에 취업공부
를 할까' 고민하자 친구는 간단히 조언했다.

"알바는 나중에 입사원서 쓸 때 경력으로 인정치
않고, 인턴이나 비정규직은 경력이 되니까, 액수의 많
고 적음은 따지지 말고, 비정규직을 하는 게 나아."

그 말이 맞다 싶어 결국 오토랜드에 비정규직으로
입사했다. 비정규직일지라도 조직이론과 인간관계, 업

무 흐름, 판매와 마케팅 등을 배울 수 있으리라는 생각이 들어서였다. 가장 중요하게는, 실업자로 1~2년을 보내다가 나라는 존재가 완전히 잊혀질 수 있다는 두려움이 들어서였다. 아직 서른 살이 되기도 전에 '세상에서 잊혀진 존재'는 되고 싶지 않았다.

다행히 회사는 아담했고, 안정적으로 보였으며, 사장은 원리원칙에 충실한 경영인으로 보였고, 직원들은 착해 보였다. '보였다'는 나의 판단이 맞을지 어떨지는 시간이 지나봐야 밝혀지겠지만 적어도 겉으로는 그랬다.

8명의 직원과 간단한 인사를 나누고 영업부장을 따라 물류센터로 갔다. 말이 물류센터지 지하에 있는 창고였다. 안으로 들어서자마자 서늘한 기운이 덮쳐왔고, 퀴퀴한 냄새가 코를 찔렀다. 몸을 돌려 뛰쳐나가고 싶은 충동을 간신히 억눌렀다. '기왕 온 김에 구경이나 해보자'는 호기심이 들었고, '길어봤자 1년이겠지' 하는 자위감이 들어서였다. 100평이 조금 안 되는 곳에 부지기수로 많은 부속품들이 쌓여 있었다. 크고 작은 부속들의 이름과 용도, 규격을 외우는 일은 쉽지 않을 것 같았다.

"부속품들이 참 많네요."

"자동차가 몇 개 부속으로 이루어져 있는지 아나?"

"모릅니다."

"이 계통에서 10년 가까이 일했어도 나도 정확히는 모른다네. 대략 2만 개 정도로 추산하지. 그중에서 1천 개 정도를 우리가 취급한다네. 자동차는 현대인의 필수품이기 때문에 열심히만 하면 먹고사는 데 지장이 없어."

부장은 자신이 사장이라도 되는 양 자랑스런 표정을 짓더니 내가 할 일을 알려주었다. 일은 어렵지 않았다. 아침에 출근하면 그날 출고되는 부속품을 포장하고, 발송하고, 창고를 청소하고, 점심을 먹은 후에는 택배 발송을 하고, 화물영업소에 배달을 나가고, 반품되어 오는 부속을 받아와 정리하고, 자동차 대리점이나 공업사로 심부름을 가고, 새로 들어온 부속품을 검수하고, 헌 박스를 모아 버리고, 주차장을 청소하고, 나무 팔레트를 정리하고… 그러면 오후 5시 40분이 되었다.

지하 창고에 라디오는 있었으나 컴퓨터는 없었다. 하루 종일 라디오를 들을 수 있어 좋았지만 인터넷을 할 수 없는 것이 가장 큰 단점이었다. 영업부장이 회의

시간에 사장에게 "창고에도 PC를 놓으면 좋겠습니다" 라고 제안했다가 "창고에 무슨 필요가 있어서 PC를 놓아요? 쓸데없이 인터넷이나 게임만 하려고" 면박을 주는 바람에 말한 사람만 "핀잔만 들었다"고 후에 내게 일러주었다. 사장은 경영 마인드는 뛰어났으나 컴퓨터는 믿지 않았다.

수많은 부속품에 일련번호를 매겨 컴퓨터로 재고와 출고관리를 하면 편하고 정확할 것이련만 그 방법을 사용하지 않았다.

"내가 10년 동안 이 장사하면서 PC로 재고관리를

해보았는데 정확히 맞은 적이 한번도 없었네. 내 말을 받아들이기 어렵겠지만 일일이 숫자를 세고, 장부에 펜으로 기록하는 게 훨씬 더 정확하네. PC의 도움을 받으면 나태해지기 시작해서 일을 대충 하게 되고, 또 PC에게 맡기면 직원을 뽑을 필요가 없어서 고용창출도 안 되네. 그러니까 수고스럽겠지만 발품을 팔고, 손품을 팔아서 직접 재고관리를 하고, 출고를 해야 하네."

나는 그 말을 전적으로 수긍했다. 만약 완벽한 프로그램이 있어서 컴퓨터가 모든 일을 처리한다면 그나마 비정규직으로도 채용되지 않을 것이었다. 하지만 일하는 틈틈이 인터넷을 하지 않을 수 없어 집에서 노트북을 가져와 인터넷 선을 연결시켰다. 하지만 사장이 있을 때는 절대 노트북을 켜지 않았다.

점심시간이 되면 영업을 나가지 않는 직원들과 함께 점심을 먹으러 갔는데 점심값은 회사에서 지불하기 때문에 부담이 없었다. 3명이든 6명이든 점심을 먹은 후 회사카드로 계산했다. 매일 식당을 바꾸어서 이 음식, 저 음식을 먹고 품평을 하는 것이 유일한 낙이었다.

2개월 쯤 지난 어느 날 오후, 물을 마시러 1층으로 올라가 사무실 문을 밀었다. 지하창고에는 내가 사용하는 책상과 작업대만 있을 뿐 생수통은 없었다. 문을 밀고 안으로 들어가자 문 앞 원형탁자에 직원 5명이 둥그렇게 앉아 피자를 먹고 있었다. 원탁 위에는 커다란 피자 상자가 2개 있었고, 한 조각 남은 피자를 사장이 막 집으려 했다. 그때 나와 눈이 마주쳤다. 순간 나는 엄청난 실수를 했다는 것을 깨달았다. 20분 후에 왔어야 했다. 사무실은 갑자기 짧은 침묵에 잠겼으나 한

여직원이 재빠르게 어색한 침묵을 깼다.

"영철씨. 5시에 택배 기사 온다고 했으니 미리 포장 좀 해놓아요."

"넷."

나는 큰소리로 대답하고는 아무렇지 않게 생수통으로 성큼성큼 걸어가 물을 마신 뒤 '이렇게 하면 평온하고 태연해 보이겠지' 하는 얼굴로 사무실을 빠져나왔다. 택배 기사는 늘 5시에 왔고 그 전에 포장을 해놓는 것은 정해진 일과였다. 나에게 새삼스레 일러줄 필요가 없었다.

문득 어린 시절의 추억 하나가 떠올랐다. 초등학교 4학년 무렵의 여름날, 낮잠을 자다가 눈을 떠보니 식구들이 둥그렇게 앉아 치킨과 수박을 냠냠, 먹고 있었다. 벌떡 일어난 나는 허둥지둥 눈을 비비며 치킨 상자를 보았다. 가장 맛없는 살덩어리 한 조각이 남아있을 뿐이었다. 그 조각을 보며 으앙! 울음을 터트렸다. 추억이 아니라 유치한 상처였다.

20년이 훌쩍 지났기에 으앙! 울 수는 없었지만 그때와 똑같은 서러움을 감출 수는 없었다. 내가 비정규직이라는 엄연한 현실을 절감했다. 퇴근 무렵이 되어 청소를 할 때 버려진 피자 박스 앞면에 'Gorgonzola' 라는 글자가 선명하게 눈에 들어왔다. 그날 이후 나는 중요한 일이 아니면 사무실에 올라가지 않았으며 목이 마르면 화장실 물을 마셨다.

"서울시에서 깨끗한 수돗물이라 강조했으니 그냥 마셔도 되겠지."

하지만 찜찜한 생각이 들어 아침에 집에서 나올 때 보리차물을 물통에 담아 가방 속에 넣어왔다. 슈퍼에서 파는 800원짜리 300ml 생수를 매일 사먹기에는 돈이 아까워서였다. 어머니가 끓여주는 보리차물을 물통에 담을 때면 "우주선을 타고 화성을 탐사하겠다"던 어린 시절의 꿈이 떠올라 서글프기 짝이 없었다.

"서울 4년제 대학을 나온 내가 물을 싸들고 다니는 신세가 되다니!"

그럼에도 물을 마시러 사무실에 올라갔다가 피차 민망한 상황과 마주치는 것보다는 한결 나았다. 하루에 5번 정도 올라갔던 사무실을 2번만 가면 되었기에 마음이 더 편해졌다. 어느 날 오후 5시 넘어 영업부장이 커다란 봉투를 건네주었다.

"대리점에 들러 이 부속 전해주고, 곧바로 퇴근해."

전철을 타고 대리점에 들러 봉투를 전해주고 막 돌아섰을 때 회사에서 전화가 왔다. 경리 여직원이었다.

"오늘 6시 30분에 회식 있는데 올 수 있나요?"

나는 시계를 보았다. 6시였다. 이 질문에 어찌 당황하지 않을 수 있을까? 회식을 30분 남겨 놓고 전화로 통보하다니! 그런데 영업부장은 '곧바로 퇴근해'라고 말하지 않았던가? 더구나 경리 직원은 '오세요'가 아니라 '올 수 있나요?'라고 마지못해 물었다. 내가 오는 것을 굳이 바라지는 않는다는 뜻이었다. 나는 그 정도 상황은 파악할 수 있었다.

그 이유는?

비정규직이기 때문이었다.

    며칠 후 선배를 만났을 때 한참 망설이다 그 이야기를 했다. 선배는 어이없다는 표정으로 피식, 웃었다.

    "이 녀석아. 네 나이가 28살이나 되어서 그깟 피자 한 조각에 마음이 상한단 말이냐! 명색이 사내자식이."

    "그렇지만…."

    "피자가 먹고 싶으면 네 돈으로 사먹으면 되지. 그

런 시시한 것을 가지고. 쪼잔하게스리."

나는 가방에서 물통을 꺼내 보여주었다.

"물 마시는 것도 눈치가 보여 이렇게 물을 들고 다닙니다."

"그거야 뭐… 니가 그렇게 생각하니까 그런 거지."

"월급이나, 차별대우나 그런 것은 다 참을 수 있어요. 그러나 자존심이 너무 상해요. 남자로서 자존심이 한없이 무너진다구요. 그깟 피자 하나 때문에 사내 얼굴이 붉어져야 하나요? 8개월 넘게 다녔어도 배운 것하나 없습니다. 단지 고르곤졸라 라는 피자가 있다는 사실밖에."

선배는 나를 한심하다는 표정으로 노려보다가 입을 열었다.

"꾹 참고… 다른 곳에 이력서를 내봐."

물론 창고에서 일하는 8개월 동안 20곳 넘는 회사에 이력서를 냈으나 면접을 보러오라는 곳은 한 군데도 없었다. 서러움을 참고 계속 다녀야 하는지, 때려치우고 고시원에 들어가 공무원 시험공부를 해야 하는지 결정을 내리지 못했다.

일 자체는 어렵지 않았으나 철저히 무시되는 존재

였다. 회의에 한번도 참석하지 않았으며 사장은 잠깐 창고에 내려올 때마다 이런저런 잔소리를 늘어놓았다. 물품 상자가 삐뚤어지게 쌓여 있다, 먼지가 뿌옇다, 포장용 비닐과 종이를 아껴 써라… 나는 다소곳이 고개를 숙이고는 네, 네 대답만 했다.

어느 날 영업과장이 창고로 내려와 말했다.

"낼 모레가 사장님 생일인데 직원들끼리 돈을 모아 선물을 사기로 했어. 영철씨는 만원만 내."

나는 망설이지 않고 지갑에서 만원을 꺼내 선뜻 건네주었다. 사내가 그깟 만원 때문에 쪼잔하게 굴 이유가 전혀 없었다. 오히려 나는 만원을 내라는 말이 더 반가웠다. 회사일에 나를 포함시켜준다는 것이 고마웠다. 며칠 후 사무실 뒤에 쌓아놓은 종이상자와 폐지를 분리수거해서 버릴 때 커다란 케이크 상자 하나가 나왔다. 나는 그제야 사장의 생일을 떠올렸다. 영업과장이 말한 '넬 모레'는 진즉 지났으며, 나를 제외하고 전 직원이 모여 사장의 생일을 축하하며 케이크를 잘랐을 모습이 눈에 그려졌다. 28살의 나이에 타인의 생일 케이크가 그렇게 부럽기는 처음이었다. 그 후 케이크 상자는 여러 번 나왔으나 나를 부른 적은 한번도 없었고, 당연히 내 생일은 조용히 지나갔다.

　가을에 들어 회식이 있을 때 나는 처음으로 참석했다. 삼겹살집에서 사장은 소주를 연거푸 마시면서 직원들을 격려했고, 직원들은 박수를 치면서 사장의 말에 부추김을 넣었다.

　"사장님이 워낙 능력이 뛰어나셔서 곧 우리 회사는 일류 회사가 될 것입니다."

　삼겹살집에서 나온 우리는 노래방엘 갔다. 취기가 올라 한껏 기분이 좋아진 사장은 혼자 마이크를 독차지했고 직원들은 열심히 박자를 맞추었다. 헤어지기 전에 사장은 지갑을 꺼내 차비를 하라며 2만원씩 건네주었다. 불행인지 다행인지 내 차례가 되었을 때 사장의 지갑에는 천원짜리 3장만 남았다.

"아이쿠, 이것밖에 없네. 이봐 영철씨, 이거라도 가지고 가."

"감사합니다."

나는 고개를 넙죽 숙이고 사장이 하사하는 3천원을 공손하게 받았다.

추석이 다가오면서 간혹 사무실에 올라가면 거래

처에서 들어온 선물상자가 복사기 옆에 쌓이기 시작
했다. 어쩔 수 없이 눈에 들어오는 그것들은 스팸, 치
약세트, 참기름세트, 배 상자 등이었다. 추석 연휴가 시
작되기 이틀 전, 그 상자들은 직원들의 책상으로 하나
씩 옮겨졌다. 사장이 직원들에게 골고루 나누어주는
것 같았다. 연휴 하루 전, 오후에 서류를 전해주러 사
무실로 올라가자 경리 직원이 배 상자를 뜯어 검정 비
닐봉투에 담고 있었다. 봉투가 여러 개인 것으로 보아
직원들에게 나누어주려는 것 같았다. 오후 3시에 사장
은 전 직원을 모아 "추석 잘 지내라"는 말을 한 뒤 "다

들 일찍 퇴근하라"고 일렀다.

나는 3시 30분에 창고 문을 잠그고 밖으로 나왔다. 그때까지 나에게 전해지는 선물상자나 검정 비닐봉투는 단 하나도 없었다. 어느 새 전부 퇴근을 한 사무실은 벌써 셔터가 내려져 있었다. 나는 집 근처 마트에 들러 스팸 한 상자를 사들고 집으로 갔다.

3개월 후, 영한건설에 이력서를 보냈고, 면접관에게 "고르곤졸라 피자를 직원들과 함께 먹기 위해서입니다"라고 자포자기의 엉뚱한 대답을 했음에도 합격

통지서가 왔다. 나는 처음에 '합격'이라는 단어가 오타라 생각했다. '불합격'을 직원이 실수해서 '합격'이라 입력한 것이 분명했다. 인사부에 확인 전화를 걸자

"합격입니다. 정직원이며, 11월 3일 오전 10시까지 출근 바랍니다"

라고 친절하게 일러주었다. 가장 먼저 떠오르는 생각은 '이제 나도 피자를 먹을 수 있겠구나'였다. 그 생각이 한편으로는 눈물 날 정도로 유치했지만 한편으로는 감격스러웠고 또 한편으로는 서글펐다. 만일 나를 불러

"우리 함께 피자 먹어요"

라고 권했다면 나는 열과 성을 다해 일했을 것이었다. 하지만 그런 초청을 받지 못한 것이 못내 아쉬웠고, 결국은 떠나가게 했다.

내가 출근할 회사에 비정규직 -인턴, 임시직, 계약직- 이 있다면 나는 진심어린 마음으로 '피자가 놓인 원탁에 그를 초대할 것인지' 아니면 인간 사이에는 '뛰어넘으려 해서는 안 될 벽이 있음'을 은연중에 과시할 것인지, 자신할 수 없었다. 비정규직의 아픔 -사실은 서러움- 과 상처받는 자존심을 잘 아는 나로서

는 당연히 똑같이 대우해 줄 것이라 결심하지만 정말

그럴 수 있을지는…

　　자신이 없었다.

남자의 아버지

초판 인쇄 2015년 11월 18일
초판 발행 2015년 11월 25일

지은이 김호경
본문 그림 송지민
펴낸곳 도서출판 북캐슬
펴낸이 한정희
주소 서울시 마포구 마포동 324-3 경인빌딩 3층
전화 02-325-5051 **팩스** 02-325-5771
홈페이지 www.wordsbook.co.kr
등록 2004년 3월 12일 제313-2004-000061호
ISBN 979-11- 86619-01-8 03910
가격 11,500원